Isabelle Lecaux
VIVACE

Isabelle Lecaux

VIVACE

Gedichte

edition **R+R**

Bibliografische Information
Der Deutschen Bibliothek

Die Deutsche Bibliothek verzeichnet diese Publikation in der Deutschen Nationalbibliografie; detaillierte bibliografische Daten sind im Internet über http://dnb.ddb.de abrufbar.

© Alle Rechte liegen bei edition R+R, Heidelberg
Buchgestaltung: Nüsse Design Hamburg
Herstellung: Books on Demand GmbH, Norderstedt
ISBN 3-00-015196-6

Gedichte

GELOGENE LIEBE

Die Täuschung liegt in mir.
Die gelernte Erfahrung.
Lass Dich ein auf ihn,
riskier es wieder,
er lügt nicht.

ERTRAGEN

Lächeln, Ignorieren, nicht aufregen
bis zu dem Moment, wo ich sicher bin
ruhig meine Position ausspreche.

Ich nenne es selbstgefällig von Dir, zu sagen:

Gute Leute trifft man immer in guten Hotels

und sich selbst meinen.

JANUAR

Graue Ruhe stabilisiert
die Entscheidung
von vor Weihnachten
den weißen.
Die kluge Natur trifft
Vorbereitungen
vor dem echten
Erblühen der Primeln.
Ungeduldig warten wir
auf ihr Rosa, das strahlende Gelb
der Narzissen
das saftige Kirschrot der Tulpen
und das beruhigende Blau
der Hyazinthen.

ELAINE

Sie raucht und lackiert ihre Nägel rosa -
eine liebe Lehrerin
arbeitet als Sekretärin.
Vorübergehend und zwischendurch.
Der Chef streicht ihre Fehler rot an
sie heiratet den liebevollsten Jura-
Studenten
der Universität.
Sie haben nie ein Kind.
Raoul macht seine Scheidung selbst.
Sie spielten ihre Ehe nur.
Elaine ist mobil
und lächelt, wenn sie spricht.

GABRIELE

Sie setzt ihm Hörner auf
und lässt sich scheiden.
Besser, er ist fort.
Sie hat keine Rente.
Er war Manager
und wurde Professor.
Ein Abstieg für ihn.
Seine neue Frau soll furchtbar sein
und er tut ihr leid.

TINA

Ihr Vater stirbt.
Sie ist sehr gutmütig.
Er war ein rotziger Chef.
Sie gründet ein Altenheim
von seinem Erbe.
Endlich.

STADT

Asphalt Ampeln Autolichter
Elektrische Töne.
Die Menschen investieren
ihre Energie in Maschinen.
In den falschen
profitieren sie nicht.

LAND

Erde macht eigen
und stärkt die Wurzeln.
Grün beruhigt die Seelen
und tröstet.
Blätter erfrischen.
Die Menschen sprechen
in ihrer Zeit -
suchen den anderen.

RICHTIG-VERSTÄNDNIS

Der Blick -
ein Vorwurf.
Die Frage -
eine Drohung.
Das Mitgefühl -
nicht vorhanden.
Informationen kriegen -
nennt man das energisch.
Deutschland.
Spanien.
Die Freude.

RADIO-SPRECHER

Im Nachtkonzert.

Nachrichten am frühen Morgen.

Die Stimme beim Frühstück.

Sein Name ist wie Öl
in den Ohren.

Der Wetterfrosch.

Sein Name ist wie eine alte Maschine
und die Stimme beruhigt.

MUT

Die pampige Verkäuferin beruhigen.
Am Hund vorbeigehen.
Die Nachbarin anlächeln.
Antwort geben.
Was stört?
Was ist zuwider?
Den Garten verschönern.
Die gute Seite hervorziehen
und die schlechte ignorieren.
Den Mobber bändigen.

FREIHEIT

Wir machen das, was wir wollen.
Ohne Chef, ohne Ärger.
Unabhängig.
Das, was wir immer am liebsten wollten.
Der Mann, der mir gut tut,
der mir gefällt,
der angenehm ist,
der mich küsst
und ohne Angst ist.
Der freundlich ist
und seine Worte beherrscht,
nie böse sagt
Das Geschäft mit der netten Verkäuferin
und dem freundlichen Kassierer.
Die Kirche mit dem deutlichen Sprecher.

GEGENÜBER

Du gehst zu Bett wenn Du das Licht löscht

im hellen Fenster gegenüber.

Seit einem Jahr frage ich:

Wer bist du?

Das Licht,

die Lampe.

Gegenüber.

DER KANZLER

Einer ist schuld.
Ich langweile mich.
Ich bin zu dick.
Ich habe zu wenig Leben.
Der Kanzler.

STÄRKE

Die Verletzung ignorieren, sie vergessen.

Die Beleidigung nicht fühlen,

sie retournieren.

Als ein Geschenk dessen, der sie sagt.

Und als heimliche Liebeserklärung.

Durchstehen.

Weitergehen.

Bis zum Ziel.

Es ist unendlich leicht,

stur sein,

Neid erkennen.

Er ist hart verdient.

SIEGEN

Ich bin unruhig.

Meine beste Freundin geht mit meinem Freund

nach Hause.

Ich zerspringe,

er ist stolz und glücklich

Sie ist jünger, schöner und charmanter als ich.

Würde ich es an seiner Stelle auch tun?

Die Mutprobe.

Sie ist nicht mehr meine beste Freundin.

Weil sie nichts sagt.

Ich werde ruhig.

Er kommt zu mir zurück.

Ich will ihn nicht mehr.

BALANCE

Wer interessiert sich für mich?
Was interessiert mich an ihm?
Warum hat er nicht draufgebissen?
Warum geht es nicht?
Wie geht es leicht?
Indem ich es denke
und lächle.
Indem ich mich gut fühle
und gute Arbeit tue.
Wenn ich so schön bin
wie Catherine Deneuve
oder Jaqueline Kennedy
und Romy Schneider
und in mich hineinhöre:
hat er Angst?
Gefalle ich ihm?
Stehe ich mir selbst im Weg?
Wollte ich mehr als er geben konnte?

WISSEN ÜBER MÄNNER

Frauen sind Xanthippen
und reden mehr als Männer.
Sie sind die Allerschönste,
Allerwichtigste
und die Allerbeste.
Männer sind feige und
reden nicht dieselbe Sprache.
Sie sind der Schönste, Wichtigste
und der Allergrößte.

SCHNEE

Schnee von gestern, Schnee noch heute.
Wird er morgen noch liegen?
Das Klima erwärmt sich,
Flüsse treten über Gestade hinaus -
Schuld ist das Kohlendioxyd
das schnelle, schöne Auto,
des Deutschen liebstes Produkt.
Die Welt ist weiß.

SCHNEE

Nie ist die Tanne so schön
wie im Schnee.
Nie ist die Welt so still
wie im Schnee.
Nie ist die Seele so hell
wie im Winterschnee.
Nie ist die Kälte so warm
wie der Schnee.
Die Pracht ist teuer bezahlt
in der Nacht.
Der Kopf schmerzt
mit jeder Flocke.

LIEBE

Seine Höflichkeit ist so selten wie unwiderstehlich.

Er ist nicht aus diesem Land.

Hält er durch?

Ent-täuscht er mich, damit ich seine Wahrheit sehe?

Bin ich empfindlich

ängstlich

automatisch negativ

renne ich weg?

Fühle ich mich verarscht, wenn er mich nachäfft?

Habe ich Leichtigkeit, Humor und unwiderstehlichen Charme?

Nichts ist erotischer als eine Frau, die stolz ist auf ihren Körper

sagt Richard Gere in einem Film als Arzt.

Ja, ich bin stolz auf meinen Körper genauso furchtbar wie er heute aussieht.

Bin nicht höflich

und nicht unwiderstehlich.

Aus diesem Land.

Halte nicht durch,

ent-täusche und zeige meine Wahrheit nicht.

Bin unempfindlich

angstfrei

positiv

presche vor

lasse mich nicht nachäffen.

Fein und großzügig

habe ich Dich verehrt und bewundert

Dich bestärkt und motiviert.

Von mir kam sehr viel.

FEBRUAR

Die Milde täuscht.
Die Rose ist schon gelb.
Aber die Kälte der Flut
kommt sehr viel später.

WIDERSPRUCH

Die Logik des Menschen,
und seine Konsequenz -
ist der Widerspruch -
zu hundertfünfzig Prozent.

SCHÖNE KLEIDER

Die neuen Schuhe ersetzen
das Kompliment des Geliebten -
sind so gut wie neue Freunde
und machen mich schön.

KAPITALISMUS

Die Barmer erbarmt sich nicht.

Herr Süfling säuft nicht.

Der hat Drei-Tage-Woche.

Und wir brutalsten amerikanischen Kapitalismus.

Alles unseriös und gelogen.

ICH KANN DICH NICHT MEHR SEHEN

In der Stadt verstecke ich mich
hinter einem Auto
wenn ich Dich sehe
auf der anderen Seite.
Ich kann Dich nicht mehr sehen,
Dir nicht mehr vertrauen.
Ich weiß, daß Du verzweifelt bist -
Dass Du etwas retten willst
und Verständnis suchst,
darum ringst.
Es ist zu spät.

HELMUT NEWTON

Nackte Mösen sind wie gebratene Mösen
von Frauen aus Osteuropa
mit Taucherbrillen auf dem Körper.
Wie wenn ich Schwänze fotografierte
in allen Perspektiven.

WARUM KOMMST DU

Du besuchst mich, weil ich öffne.

Zu Deiner Zeit

Darin bist Du zuverlässig.

Ich zweifle, ärgere mich über Dich

und öffne.

Damit Du sprichst

und fluche:

es interessiert mich doch nicht.

ALS IN DEUTSCHEN GESCHÄFTEN

der Kunde nicht mehr geschlagen

und in Restaurants

der Gast nicht mehr angeschrieen wurde,

herrschten keine Ordnung mehr im Land

und keine Disziplin.

Sondern Verstand,

Selbstbewusstsein

und Gewinn.

erfolgten, wo der Erfolg folgt. Er folgt.

In der Politik regiert Sachverstand

und in der Macht der Bessere.

Dieses Land ist neutral.

In den Ministerien arbeiten

Fachleute.

Nicht Fachfremde,

nicht Lobbyisten

und Funktionäre.

Ausgebildete Leute,

sichere Persönlichkeiten

mit der Farbe ihrer Kompetenz.
Erfahrene Ökonomen,
schlanke Gesundheitsminister
und kluge Pharmazeuten
heilen die Menschen.
Nicht Sie, nicht Er,
nicht die Feigheit, das Verlassen,
das Weglaufen vor der Verantwortung.
Sondern Standhalten,
Entspannung,
das Nichtstun
der genialen Erfindung.
Entkrampfen.
Die Lösung.

WENN EIN MANN

einer Frau sagt: Du gefällst mir gut,
bist wunderbar
welches ist Deine Lieblingsblume?
Hat er sie ihr geschenkt.
Bitte trink einen Kaffee mit mir,
kostet es ihn ein Lächeln.
Sehr zärtlich zu ihr sein
macht ihn unwiderstehlich.

WENN EINE FRAU

zu einem Mann sagt:
Du bist wichtig,
Du bist der Größte von ihnen allen,
hat sie ihm
Tee gekocht,
ihn als Kranken bemitleidet
und in seiner Vernachlässigung erhöht.

DER PIANIST

Er ist rothaarig und hat Stahlwolle
auf dem Kopf.
Seine Züge sind angespannt
wie ein Mops.
Verspielt und albern.
Er spielt die einfachsten
Passagen
so angespannt wie ein Chow-Chow
mit Magenkrampf
vor dem Fressnapf.
Dahinter sitzt der Geiger
sehr, sehr ernst.
Der italienische Dirigent
strahlt und schlägt,
dirigiert auswendig.
Der Pianist bekommt Blumen
aus Stahlwolle,
lächelt in alle Richtungen.
Das Brahms-Konzert ist kaputt
zerdrückt
in der Fernseh-Kamera.

MONSIEUR WICHTIG

Er stellt die albernsten Vorzüge heraus.

Er gibt an
und möchte damit nicht angeben
Er macht andere herunter.

Sie wehren sich kräftig
und schlagen verbal zurück.

Der genetische Code ändert sich nicht.

MODERATORINNEN

Sie ist hohl
und haucht Belanglosigkeiten
sie heischt Zuschauer
und ist viel älter als sie sich kleidet.
Ihre Kollegen rühmen sie.
Fünfundvierzig Minuten später
auf dem anderen Kanal.
Sie steht dahinter
meint es freundlich ernst,
braucht Zuschauer nicht ködern.
Die Kleider sind altersentsprechend
und ihre Kollegen beweihräuchern sie nicht.

FERTIG WERDEN

Was ist im Leben in Ordnung?
Was war in der letzten Woche gut?
Eine längere Überlegung.
Ja, das war unglaublich wichtig.
Ich bin dankbar und erlöst.
Habe gesagt, was ich erwarte
und er hat es gemacht.
Er auch.
Sie auch.
Für mich.

DIE TAVERNE

Ankommen und genießen

Die Stadt vermissen

Diese Taverne

in tiefstem Garagen-Beton

Die Rufe zur Begrüßung

Was möchtest Du trinken?

Unterhaltung

Scherze

Souveränität

von Michalis und Christos.

DIE GEIGERIN

Der Ton ist kugelrund -

ihr Instrument klingt wie ein warmer Bass.

Ihre Arme sind nackt und dünn.

Die Züge klar, regelmäßig und entspannt.

Ihre Frisur sieht aus wie aus dem Schwimmbad

vor der Aufzeichnung gekommen.

Ihr Chasuble über einer Hose

ist elegant und sportlich.

Wie ihr Spiel.

Ihr Name klingt wie eine Moll-Tonart.

Sie spielt Sibelius

Die Geiger hinter ihr lächeln

entspannt.

Der Dirigent ist unmöglich

in Arte.

BIST DU ZU BLÖD

Einen Kaffee zu trinken?

Er kostet Deine Landsleute ein Lächeln

aber Dich Deinen deutschen Job

und Deine Beamten-Position.

Es verunsichert Dich

Die Idee

einer Tasse Kaffee.

Oder Du bist glykos.

Süß.

DAS HANDY

Auf der Strasse ist es erträglicher.

Die Menschen schreien in kleine Telefone

um gehört zu werden.

Im Hotel frage ich

können Ihre Gäste bei Tisch telefonieren?

Wir sind ein Business-Hotel

möchten Sie den Direktor sprechen?

Der Opern-Sänger aus dem Swimming-Pool

vom Abend vorher ist es.

Er tönt über Theater,

um wichtig zu sein,

und nicht so allein

Er steht auf.

Sein Omelett ist noch halb auf dem Teller.

Stolz und schadenfroh.

DER BETTLER SAGT ER MÖCHTE EINEN JOB MACHEN

Er sitzt vor der Post und sein Zustand ist einigermaßen

Vorsichtig frage ich mich vorwärts:

wenn Sie einen Job machen würden

welchen wollten Sie dann machen?

Ja, welchen sollte ich tun ?

Das, was Sie am liebsten machen

und am besten können.

Auto-Polsterer habe ich gelernt

Ist doch toll.

Ich verabschiede mich,

hätte mit ihm zur Zeitung gehen sollen,

mit seinem gesammelten Geld ein Inserat schalten,

aber niemand braucht einen Auto-Polsterer.

Im Fernsehen sind Old-Timer zu sehen,

sie alle brauchen doch Polsterer.

UMSETZEN

Angedacht

umgesetzt

nachvollzogen

runtergeladen

irgendwie

wie auch immer

egal wie

darum geht's doch gar nicht.

Dann haben wir immerhin ein Problem.

Cool

voll geil

richtig gut

sonst hätten wir nicht einmal ein Problem.

HUNDERT PROZENT

Die große Schwester erträgt die kleine nicht.

Die Mutter erträgt beide nicht.

Ich ertrage Dich eine halbe Stunde lang,

wenn Du gut bist

und mit mir sprichst.

Wenn Du es schaffst, die restlichen Prozent zu ignorieren,

es fallen lässt

und mich hebst.

NORD-ITALIEN

Das Dorf über dem Garda-See duftet nach feuchtem Holz

nach der Würze des Bergwinters

Die Strassen sind zu eng

für den schwarzen Bus von Mercedes.

Das kleine Hotel quillt über von Gästen und Koffern.

Der See ist bewölkt und vernebelt

im Frühjahrssturm über den Fjorden.

VERONA

Menschen im Winter stehen vor Stadttoren.

Die Siesta ist trist.

Geschäfte in der Via Mazzini

zeigen Porzellane.

Signoras tänzeln in Nerz.

Signori in Wolle und Zwirn sehen nach Damen.

VENEDIG

Die Sonne strahlt am Anleger vor San Marco.

Narren unter den Statuen.

Kostüme der Wiener Staatsoper

und der Bayrischen

spazieren über die Piazza und

die Brücken

der Riva Schiavoni

in der Sonne des Februar.

Rote, Goldene, Grüne, schwarz-weiße Harlekine

posieren stumm in den Eingängen

alter Türen.

Wenn die hohen Tore geschlossen

sind vor dem Wasser

sitzen wir im Freien.

EUROPA

Ruhige freundliche alte Europa

Griechin

Tänzerin

Tochter des Zeus

Literatur und Kunst

Musik und Philosophie

Medizin, Astronomie und Physik.

Wie in

Afrika

Asien

Amerika

und Australien

dieser Kontinent mit E.

SELBSTBEWUßTSEIN

Das Geschäft verabschiedet sich

von Amerika nach Asien.

Ungerecht gerecht.

In EUROPA bleiben Kunst

Architektur

Mode

Wein

Gastronomie

Forscher

Erfinder

Schokolade

und das viele Geld.

MEDITATION

Ich bin jetzt ganz entspannt -
so fängt die Programmierung an.
Aber mir fällt es nicht ein -
und positive Energie
fließt durch meinen Körper -
so geht es weiter.
- Bis in die Fußspitzen -.
Mir fällt nur ein:
es ist mir ganz egal.
Ich fange an zu lachen.
Bei einem Bellini
aus einem Piccolo
und einem zerdrückten Pfirsich.

DER HAUSMEISTER

Er hat nationalistische Sprüche
sagen die einen im Haus,
er hat Waschpulver verschüttet
in unserem Keller,
sagen die anderen.
Fünfzig Jahre lang
ist er um fünf Uhr aufgestanden
und hat angefangen
zu arbeiten.
Seine Arme hält er kreuzweise
vor sich nach unten.
Heute sind sie alle so.
Mehr sagt er nicht
im Dialekt.
Eine alte Nachbarin geht vorbei.
sie lächelt.

DÜRFTIG

Rabiat wie ein Schnitter
und cool wie vereister Asphalt.
Das Selbstbewusstsein dieses Beraters
ist wie von jemand
aus einer preußischen Staatsschule.

ALT WIE DIE WELT

Der Beste hinausgemobbt
allein
war er
und alle geschlossen gegen ihn.

HELLAS

Die Sonne
die lange bekannten Geschichten
die Sprache
diese Probleme
und grellen Konflikte.

SCHARF AUF DICH

Alles, was Du geschrieben hast, lese ich
möchte Dir nah sein
lade Dich ein,
möchte in Deiner Nähe sein
lasse Dich in Ruhe
möchte Dich nicht stören
ging zu Dir.
Du sprichst mit mir.
Ich habe alles anklingen lassen
bin gegangen
Dich anrufen?
Und legte wieder auf.
Es war Masochismus.

Die Gedichte im Überblick

GELOGENE LIEBE	7
ERTRAGEN	8
JANUAR	9
ELAINE	10
GABRIELE	11
TINA	12
STADT	13
LAND	14
RICHTIG-VERSTÄNDNIS	15
RADIO-SPRECHER	16
MUT	17
FREIHEIT	18
GEGENÜBER	19
DER KANZLER	20
STÄRKE	21
SIEGEN	22
BALANCE	23
WISSEN ÜBER MÄNNER	24
SCHNEE	25
SCHNEE	26
LIEBE	27
FEBRUAR	29
WIDERSPRUCH	30
SCHÖNE KLEIDER	31
KAPITALISMUS	32
ICH KANN DICH NICHT MEHR SEHEN	33
HELMUT NEWTON	34
WARUM KOMMST DU	35
ALS IN DEUTSCHEN GESCHÄFTEN	36
WENN EIN MANN	38
WENN EINE FRAU	39
DER PIANIST	40

MONSIEUR WICHTIG	41
MODERATORINNEN	42
FERTIG WERDEN	43
DIE TAVERNE	44
DIE GEIGERIN	45
BIST DU ZU BLÖD	46
DAS HANDY	47
DER BETTLER SAGT ER MÖCHTE EINEN JOB MACHEN	48
UMSETZEN	49
HUNDERT PROZENT	50
NORD-ITALIEN	51
VERONA	52
VENEDIG	53
EUROPA	54
SELBSTBEWUßTSEIN	55
MEDITATION	56
DER HAUSMEISTER	57
DÜRFTIG	58
ALT WIE DIE WELT	59
HELLAS	60
SCHARF AUF DICH	61